Mamá Heroína

Devocional

de 30 Días

Descubra la Mujer Virtuosa en Su Interior

Mamá Heroína

Devocional

de 30 Días

MILTON & BLANCA SOSA

Derechos Reservados © 2015 Blanca A. Lopez

Todos los derechos reservados. Ninguna parte de esta publicación puede ser reproducida o guardada en medios de almacenaje, ni transmitida de ninguna forma ni por ningún medio ya sea electrónico, mecánico, fotocopiado, grabación u otro, sin el previo consentimiento por escrito del autor.

Para contactar a los autores visite: www.miltonyblanca.com

Editado por Maria Riega

Diseño por Milton Sosa

El texto Bíblico ha sido tomado de la versión Reina-Valera © 1960 Sociedades Bíblicas en América Latina; © renovado 1988 Sociedades Bíblicas Unidas. Utilizado con permiso.

Algunos textos fueron tomados de Reina-Valera 1995 (RVR1995) Copyright © 1995 by United Bible Societies. Utilizado con permiso.

ISBN-10: 1943318026

ISBN-13: 978-1-943318-02-5

Dedicatoria

Este libro está dedicado a cada dama que será parte de este devocional de 30 días hacia descubrir la mujer virtuosa dentro de sí misma.

INDICE

Introducción 1
Día 1 3
Día 2 5
Día 3 7
Día 4 9
Día 5 11
Día 6 13
Día 7 15
Día 8 17
Día 9 19
Día 10 21
Día 11 23
Día 12 25
Día 13 27
Día 14 29
Día 15 31
Día 16 33
Día 17 35
Día 18 37
Día 19 39

Día 20 41
Día 21 43
Día 22 45
Día 23 47
Día 24 49
Día 25 51
Día 26 53
Día 27 55
Día 28 57
Día 29 59
Día 30 61
¡Felicidades! 63

Introducción

Proverbios 31:10

Mujer virtuosa, ¿quién la hallará?
Porque su estima sobrepasa largamente a la de las piedras preciosas.

¿Cuántas veces ha escuchado cómo debe ser la mujer ideal? Cuanto no ha sufrido a causa de lo que los otros dicen que es una mujer ideal y no alcanzar los requisitos para ello. Se sufre mucho al no poder lograr ser la mujer perfecta que el mundo nos pinta. Una súper mamá que lo sabe hacer todo bien y que sabe balancear perfectamente su vida sin error alguno.

En realidad una mujer comete muchos errores, no sabe todo, sufre de inseguridades y no siempre mide una talla cero. Cuantas imperfecciones podemos tener que incluso tratamos de cubrir con maquillaje, ropa y moda para que no se den cuenta los demás que por dentro estamos dolidas, inseguras y desanimadas de la vida.

Proverbios dice, ¿Quién la hallara? Pareciera que fuera difícil encontrarla, lo cual suma a nuestra carga de incapacidad. Pero le tengo buenas noticias. Usted fue creada para ser una mujer virtuosa, única y especial.

Puede ser que no se considere como tal y la entiendo. En la vida pasamos por tantas cosas que muchas veces perdemos nuestra identidad de quien somos verdaderamente. Esto hace que nos comportemos de manera distinta y como resultado causa duda en quienes somos.

Por eso hemos creado este devocional para que en la presencia de su Creador pueda descubrir quién es usted verdaderamente y que le tiene Dios preparado para su vida.

Prepárese para revolucionar su vida y la de su familia. Su viaje empieza ahora hacia descubrir la mujer virtuosa en su interior.

Día 1

Proverbios 31:11
El corazón de su marido está en ella confiado,
Y no carecerá de ganancias.

Una de las cosas más hermosas que un marido puede experimentar es la confianza que le brinda su esposa. Como mujer, uno tiene la gran habilidad de transmitir confianza a los demás y llenarlos de seguridad.

Para una esposa y madre, cada gesto de amor y esfuerzo es una oportunidad para inyectar confianza en los demás. Confianza en tener a alguien que da su vida por su familia, en saber que mientras uno esté, siempre habrá una sonrisa, un abrazo, un consejo y sobre todo amor incondicional.

Para uno poder dar confianza primero tiene que tener confianza. Jeremías 17:7 dice, "*Bendito el varón que confía en Jehová, y cuya confianza es Jehová.*"

Aplicación Personal

¿Qué pude aprender de Proverbios 31:11?

_____

_____

¿De qué manera estoy transmitiendo confianza a mis seres queridos?

_____

_____

¿Qué podrá estar afectando que los demás tengan confianza en mí?

_____

_____

¿ Qué puedo practicar hoy que promueva confianza en mi familia?

_____

_____

Mi oración al Padre:

_____

_____

Día 2

Proverbios 31:12
Le da ella bien y no mal
Todos los días de su vida.

La misma palabra de Dios dice: "*todas las cosas que queráis que los hombres hagan con vosotros, así también haced vosotros con ellos.*" Jesús fue ejemplo para nosotros, en el corto tiempo que estuvo en la tierra, de lo que es hacer el bien a los demás.

Hacer el bien es amar al prójimo incondicionalmente, nunca esperando algo a cambio. No tenemos que viajar a lugares de alta pobreza para hacer el bien. Empecemos por nuestro hogar, comunidad, iglesia, ciudad y por cada persona que conozcamos en el camino. Efesios 2:10 dice, "*Porque somos hechura suya, creados en Cristo Jesús para buenas obras, las cuales Dios preparó de antemano para que anduviésemos en ellas.*"

Aplicación Personal

¿Qué pude aprender de Proverbios 31:12?

_____

_____

¿De qué manera estoy practicando el hacer el bien a los demás?

_____

_____

¿Qué cosas estoy practicando que no le hacen bien a los demás?

_____

_____

¿ De qué manera puedo practicar hacer el bien a alguien?

_____

_____

Mi oración al Padre:

_____

_____

Día 3

Proverbios 31:13
Busca lana y lino, Y con voluntad trabaja con sus manos.

Aquí vemos el ejemplo de una mujer que es diligente y esforzada. La palabra de Dios nos dice en Proverbios 10:4, *"La mano negligente empobrece; Mas la mano de los diligentes enriquece."*

Una mujer diligente seguramente atraerá bendición para su casa. Eso no significa que no lleguen momentos de prueba, sino que en todo momento uno está presto para enfrentar las circunstancias de la vida con la actitud correcta y actuar correspondientemente.

Ser diligente es saber actuar ante las circunstancias de la vida con sabiduría y esfuerzo. Es ser proactivo en el diario vivir. Como mujer uno puede enfrentarse a una infinidad de circunstancias en el día que requieren que actuemos. Ya sea en el matrimonio, con los hijos, el trabajo etc., Dios nos da la capacidad de actuar con diligencia. 2 Timoteo 2:15 dice, *"Procura con diligencia presentarte a Dios aprobado, como obrero que no tiene de qué avergonzarse..."*

DESCUBRA LA MUJER VIRTUOSA EN SU INTERIOR

Aplicación Personal

¿Qué pude aprender de Proverbios 31:13?

_____

_____

¿En qué áreas de mi vida estoy practicando diligencia?

_____

_____

¿En qué cosas necesito ser más diligente?

_____

_____

¿ En qué voy a ser diligente hoy?

_____

_____

Mi oración al Padre:

_____

_____

Día 4

Proverbios 31:14
Es como nave de mercader;
Trae su pan de lejos.

Esta mujer no se conforma con lo que pueda estar fácilmente disponible a la vuelta de la esquina, sino que va lejos buscando el mejor pan para alimentar a su familia. En Juan 6:35 Jesús dice "*Yo soy el pan de vida*".

Una mujer virtuosa hace todo lo posible por llevar el pan de vida a su hogar. Se asegura de instruir a su familia en la doctrina pura y hace todo lo posible por acceder a ella.

Como madres, es nuestro deber asegurar que nuestra familia se esté alimentando saludablemente en todas las áreas, pero sobre todo espiritualmente. Debemos buscar el pan sin importar el sacrificio. Esto significa que debemos guiar a nuestra familia para que conozca de Cristo sin importar los obstáculos que existan. ¡Una mujer virtuosa busca lo mejor!

Aplicación Personal

¿Qué pude aprender de Proverbios 31:14?

_____

_____

¿Qué he estado haciendo para acceder al pan de vida y traerlo a mi hogar?

_____

_____

¿Qué me está impidiendo alimentar mi familia con lo mejor?

_____

_____

¿ Qué puedo hacer hoy para traer el mejor alimento a mi casa?

_____

_____

Mi oración al Padre:

_____

_____

Día 5

Proverbios 31:15
Se levanta aun de noche y da comida a su familia y ración a sus criadas.

La mujer virtuosa se levanta aun de noche, cuando otros duermen, no porque sus fuerzas sean mayores o porque requiera de menos dormir, sino porque desea cuidar de su familia aun cuando tiene sueño o está cansada.

No solo atiende las necesidades del hogar sino que también vela por asegurar que los demás tengan su porción de alimento. Cuantas veces no hemos visto una mujer que se saca el pan de la boca por dárselo a los demás y que no deja que ninguna persona que va a su casa se vaya con el estómago vacío. La mujer virtuosa es proveedora en todo momento. Vemos el ejemplo de la viuda de Sarepta que dio su último bocado de pan al profeta y después Dios la bendijo con gran provisión. No siempre es fácil dar, pero siempre el dar tiene su bendición. La mujer dadivosa nunca escasea.

Aplicación Personal

¿Qué pude aprender de Proverbios 31:15?

_____

_____

¿De qué maneras he sido dadivosa con mi familia y los demás?

_____

_____

¿Qué me está impidiendo ser más dadivosa con mi prójimo?

_____

_____

¿ Qué puedo hacer hoy para mostrar un gesto de bondad a los demás?

_____

_____

Mi oración al Padre:

_____

_____

Día 6

Proverbios 31:16
Considera la heredad, y la compra,
Y planta viña del fruto de sus manos.

La habilidad de hacer negocios es un don maravilloso, pero este texto va mucho más allá que simplemente hacer un negocio. Primeramente, sabiendo que la mujer tomó su tiempo para evaluar un terreno, nos deja saber que antes de comprarlo investigó bien si iba a ser útil, fértil y buena tierra. Esto significa que uno debe ser sabia en donde invierte su vida y saber identificar las cosas que nos van a bendecir y que van a ser productivas. Si queremos tener buenos frutos, hay que evaluar donde estamos invirtiendo nuestra vida.

Creo que el mejor lugar donde podemos invertir nuestra vida es en la presencia de Dios. La persona que hace del Señor su delicia y medita en su palabra de día y de noche nos dice Salmos 1:3 que, *"Será como árbol plantado junto a corrientes de aguas, Que da su fruto en su tiempo, Y su hoja no cae; Y todo lo que hace, prosperará."*

Aplicación Personal

¿Qué pude aprender de Proverbios 31:16?

_____

_____

¿En qué he estado invirtiendo mi vida o tiempo últimamente?

_____

_____

¿Qué me está obstaculizando el invertir mi tiempo, mente o vida en lo que agrada a Dios?

_____

_____

¿Qué puedo hacer hoy para invertir más tiempo en la presencia de Dios?

_____

_____

Mi oración al Padre:

_____

_____

Día 7

Proverbios 31:17
Ciñe de fuerza sus lomos, y esfuerza sus brazos.

Cuando uno se ciñe significa que va a tener que esforzarse más de lo que ha acostumbrado anteriormente. Efesios 6:14 nos dice, *"Estad, pues, firmes, ceñidos vuestros lomos con la verdad, y vestidos con la coraza de justicia."*

Para poder enfrentar las batallas más fuertes tenemos que estar preparadas con la verdad. También vemos que la mujer esfuerza sus brazos y en Efesios 6:17 dice, *" Y tomad el yelmo de la salvación, y la espada del Espíritu, que es la palabra de Dios."*

Cuando Jesús confrontó a Satanás en el desierto lo hizo con la palabra. Dios desea que nosotros nos capacitemos con la verdad que está en Cristo y que usemos su palabra para enfrentar las circunstancias que puedan venir en el diario vivir. Jesús mismo dijo que no solo de pan vivirá el hombre, sino de toda palabra que sale de la boca de Dios.

Declare la palabra de Dios en su día y sobre cualquier circunstancia, orando en todo tiempo como dice Efesios.

Aplicación Personal

¿Qué pude aprender de Proverbios 31:17?

_____

_____

¿De qué manera me he estado ciñendo con la verdad?

_____

_____

¿Qué me está impidiendo el ceñirme con la armadura de Dios?

_____

_____

¿Qué voy hacer hoy para vestirme con la armadura de la cual habla Efesios 6?

_____

_____

Mi oración al Padre:

_____

_____

Día 8

Proverbios 31:18
Ve que van bien sus negocios;
Su lámpara no se apaga de noche.

En esta cita vemos que la mujer virtuosa empieza a ver los frutos de su gran esfuerzo. Como vimos en Proverbios 10:4b "Mas la mano de los diligentes enriquece."

Aunque ella está viendo el fruto de su trabajo, ella no se confía en sus bienes o sus fuerzas. Ella sabe que hay que velar en todo momento como dice Mateo 24:42, "*por lo tanto, manténganse despiertos, porque no saben qué día vendrá su Señor.*"

La Biblia nos enseña una parábola sobre diez vírgenes, cinco prudentes y cinco insensatas. Las cinco vírgenes prudentes dice que tomaron aceite en sus vasijas, juntamente con sus lámparas, pero cuando llegó el esposo las insensatas no tenían aceite por lo cual no pudieron entrar a las bodas como las vírgenes prudentes que mantuvieron sus lámparas encendidas con aceite. Dios quiere que en todo momento estemos vigilantes, estemos a cuentas y consagradas a Él.

Aplicación Personal

¿Qué pude aprender de Proverbios 31:18?

_____

_____

¿Qué estoy haciendo para mantener mi lámpara encendida?

_____

_____

¿Qué me está impidiendo el mantenerme en oración y comunión con Dios?

_____

_____

¿Qué puedo hacer hoy para empezar a crear una relación constante y plena con Dios?

_____

_____

Mi oración al Padre:

_____

_____

Día 9

Proverbios 31:19
Aplica su mano al huso,
Y sus manos a la rueca.

Esta mujer vemos que se mantiene ocupada constantemente pero algo que vemos es que no está ocupada en cualquier cosa. Hoy día todas quizás nos mantenemos ocupadas en algo, pero, en verdad, ¿estamos ocupadas en lo que más provecha?

Éxodo 35:25 dice, "*Además todas las mujeres sabias de corazón hilaban con sus manos, y traían lo que habían hilado: azul, púrpura, carmesí o lino fino.*" en Éxodo vemos que las mujeres sabias traían telas de realeza al tabernáculo para el uso de la obra de Dios. Así que seguramente esta mujer también hilaba algo de alto valor.

Nosotras como mujeres podemos tener muchas ocupaciones pero es necesario evaluar nuestra vida y ver en qué estamos pasando el tiempo. ¿A qué estamos dando uso? Estas mujeres de las que se habla en Éxodo hilaban sabiamente lo mejor para Dios. Está usted hilando telas de honor para su Creador o para quien está hilando y qué?

Aplicación Personal

¿Qué pude aprender de Proverbios 31:18?

_____

_____

¿De qué manera estoy sirviendo, honrando y glorificando a Dios en mi vida?

_____

_____

¿Qué me está impidiendo servir y honrar a Dios?

_____

_____

¿Qué puedo empezar a practicar hoy que glorifique y agrade a Dios?

_____

_____

Mi oración al Padre:

_____

_____

Día 10

Proverbios 31:20
Alarga su mano al pobre,
Y extiende sus manos al menesteroso.

Aquí vemos que la mujer virtuosa es dadivosa. Algo que me parece interesante es que ella es quien alarga su mano para ayudar al pobre y al menesteroso. En la actualidad no se tiende a actuar anticipadamente a la necesidad de los demás, sino que más bien se ignoran las necesidades de otros con tal de no verse comprometido a ayudar.

Deuteronomio 15 dice, *"Cuando haya en medio de ti menesteroso de alguno de tus hermanos... no endurecerás tu corazón, ni cerrarás tu mano... Sin falta le darás, y no serás de mezquino corazón cuando le des; porque por ello te bendecirá Jehová tu Dios en todos tus hechos, y en todo lo que emprendas."*

La mujer virtuosa suple la necesidad antes que se le pida que la supla. Ella no espera que se le pida o se le ruegue porque su corazón es compasivo y dadivoso. ¿Estamos siendo realmente dadivosas como Dios pide que seamos con nuestro prójimo?

Aplicación Personal

¿Qué pude aprender de Proverbios 31:20?

_____

_____

¿De qué manera he estado siendo dadivosa con los demás?

_____

_____

¿Qué me está impidiendo practicar la bondad y compasión?

_____

_____

¿Qué puedo hacer hoy para mostrar gestos de generosidad?

_____

_____

Mi oración al Padre:

_____

_____

Día 11

Proverbios 31:21
No tiene temor de la nieve por su familia,
Porque toda su familia está vestida de ropas dobles.

Aquí cuando habla de ropas dobles se refiere a telas gruesas que protegían su familia. También sabemos que eran de color escarlata de acuerdo a otras traducciones bíblicas. El color escarlata representa la sangre de Cristo que fue derramada por nosotros. Algo con lo que podemos relacionarlo es cuando el Ángel de la muerte pasó sobre Egipto y solo los primogénitos de las casas de los que no marcaron sus puertas con la sangre del cordero murieron.

La sangre de Cristo es la que nos protege de la muerte y todo mal que quiera atacar nuestra familia, así como lo hizo con el pueblo de Israel cuando estaban en Egipto.
La palabra de Dios dice en Hechos 16:31, "*Cree en el Señor Jesucristo, y serás salvo, tú y tu casa.*"

Aplicación Personal

¿Qué pude aprender de Proverbios 31:21?

_____

_____

¿De qué manera he estado cubriendo a mi familia?

_____

_____

¿Qué cosas han querido desviar mi atención de cubrir mi familia en oración y ponerla en las manos de Dios?

_____

_____

¿De qué manera puedo cubrir mi familia hoy?

_____

_____

Mi oración al Padre:

_____

_____

Día 12

Proverbios 31:22
Ella se hace tapices;
De lino fino y púrpura es su vestido.

Vemos que la mujer virtuosa se hace vestidos finos y de realeza. Ella se esfuerza por hacerlos. En esos tiempos era muy difícil extraer la tintura para hacer vestimentas de color purpura; sin embargo, ella misma las hacía y las usaba.

Colosenses 3:12-13 dice, *"Vestíos, pues, como escogidos de Dios, santos y amados, de entrañable misericordia, de benignidad, de humildad, de mansedumbre, de paciencia; soportándoos unos a otros, y perdonándoos unos a otros si alguno tuviere queja contra otro. De la manera que Cristo os perdonó, así también hacedlo vosotros."*

No siempre es fácil vestirnos con las vestiduras que habla Colosenses, pero la voluntad de Dios es que nos pongamos estas vestiduras porque ellas representan una realeza espiritual. La cual representa a Cristo en nuestras vidas.

Aplicación Personal

¿Qué pude aprender de Proverbios 31:22?

_____

_____

¿Con qué vestiduras me he estado vistiendo?

_____

_____

¿Qué me está impidiendo vestirme con las vestiduras que habla Colosenses 3:12-13?

_____

_____

¿Con qué vestiduras decido vestirme hoy?

_____

_____

Mi oración al Padre:

_____

_____

Día 13

Proverbios 31:23
Su marido es conocido en las puertas,
Cuando se sienta con los ancianos de la tierra.

Su esposo es una persona conocida en los lugares de honor. La Biblia habla del impacto que hace la mujer en su esposo ya sea bueno o malo. Proverbios 12:4 dice, "*La mujer virtuosa es corona de su marido; Mas la mala, como carcoma en sus huesos.*"

Como esposa uno tiene mucho que ver en los logros que puede tener el esposo. Uno afecta su estado emocional y carácter. El hombre es influenciado también por su mujer y por ella está dispuesto a hacer muchas cosas, sean buenas o malas. Podemos ver en el caso de Sansón que se dejó influenciar por una mujer que al final lo llevó hasta su muerte. Por eso es que debemos ser sabias en cómo estamos influyendo en la vida de nuestro esposo e incluso en nuestros hijos.

Como ayuda idónea estamos para ayudar a nuestro esposo a lograr su mayor potencial y que avance y cumpla sus sueños. Nosotras seremos beneficiadas al ver los resultados que esto puede traer a la familia.

Aplicación Personal

¿Qué pude aprender de Proverbios 31:23?

_____

_____

¿De qué manera estoy influyendo en mi esposo o familia?

_____

_____

¿Qué estoy haciendo que pudiera estar influyendo de manera negativa en mi familia?

_____

_____

¿Qué puedo hacer hoy para ser una buena influencia?

_____

_____

Mi oración al Padre:

_____

_____

Día 14

Proverbios 31:24
Hace telas, y vende,
Y da cintas al mercader.

Esta mujer parece ser muy emprendedora. Hace negocios y provee a los mercaderes con materiales de alta calidad. Las telas finas como las que vende esta mujer eran muy apreciadas en aquellos tiempos, por lo cual hacía que mercaderes de otros lugares lejanos vinieran en búsqueda de tales telas.

Ella es buscada por el producto de calidad de produce. Nosotras también producimos cosas constantemente pero la pregunta aquí es, ¿qué tipo de cosas estamos produciendo?

¿Estamos produciendo buenos frutos? En Mateo 7:20 dice, "*Así que, por sus frutos los conoceréis.*" Todo lo que producimos habla de lo que hay dentro de nosotros. Los frutos que damos hablan y Dios espera que nuestros frutos sean buenos.

DESCUBRA LA MUJER VIRTUOSA EN SU INTERIOR

Aplicación Personal

¿Qué pude aprender de Proverbios 31:24?

_____

_____

¿Qué estoy produciendo?

_____

_____

¿Qué frutos he tenido que no le agradan a Dios?

_____

_____

¿Qué puedo hacer hoy para producir buenos frutos que honren a Dios?

_____

_____

Mi oración al Padre:

_____

_____

Día 15

Proverbios 31:25
Fuerza y honor son su vestidura;
Y se ríe de lo por venir.

Esta mujer tiene una identidad bien definida y sabe quién es en Dios. Cuando sabemos quién somos lo reflejamos en nuestro exterior, así como ella refleja fuerza y honor porque internamente está segura y confiada que no será removida.

Nosotros reflejamos lo que tenemos por dentro. Nuestros pensamientos, inseguridades y temores se reflejan aun cuando los tratemos de esconder.

En Salmos 1:3 dice, *"Será como árbol plantado junto a corrientes de aguas, Que da su fruto en su tiempo, Y su hoja no cae; Y todo lo que hace, prosperará."* Aquí vemos un buen ejemplo de lo que es una persona segura y confiada en lo que Dios está haciendo en su vida.

DESCUBRA LA MUJER VIRTUOSA EN SU INTERIOR

Aplicación Personal

¿Qué pude aprender de Proverbios 31:25?

_____

_____

¿Qué estoy reflejando? ¿Acaso hay inseguridades, temores, complejos etc.?

_____

_____

¿Qué reflejos negativos me dicen que tengo que cambiar algo interno?

_____

_____

¿Qué puedo hacer hoy para empezar a crear una buena identidad?

_____

_____

Mi oración al Padre:

_____

_____

Día 16

Proverbios 31:26
*Abre su boca con sabiduría,
Y la ley de clemencia está en su lengua.*

Qué hermoso que cuando esta mujer habla, sabiduría sale de su boca. Dios quiere que seamos mujeres prudentes que hablemos cosas buenas y sabias.

Seguramente de su boca no salen calumnias, contiendas, críticas, odios y venganzas. Ella sabe tener dominio de sus emociones y controla lo qué expresa. Eclesiastés 10:12 dice, *"Las palabras de la boca del sabio son llenas de gracia, mas los labios del necio causan su propia ruina."*

No siempre es fácil controlar nuestra boca. A veces decimos cosas de las que después nos arrepentimos. Dios conoce que somos humanos y por eso nos manda al Espíritu Santo para que nos fortalezca y podamos vencer toda tentación y debilidad.

Aplicación Personal

¿Qué pude aprender de Proverbios 31:26?

_____

_____

¿Qué cosas está hablando mi boca? ¿Son honorables a Dios?

_____

_____

¿Qué cosas he estado hablando que no son buenas?

_____

_____

¿Qué palabras voy a empezar a decir hoy? ¿Qué puedo hacer para mantener dominio de mi boca en toda situación?

_____

_____

Mi oración al Padre:

_____

_____

Día 17

Proverbios 31:27a
Considera los caminos de su casa,

La mujer virtuosa mantiene cuidado de su familia. Aunque se mantiene muy ocupada no descuida a su familia. En la actualidad vemos que los padres trabajan y están tan ocupados que muchas veces ya no prestan la suficiente atención a los hijos y el hogar. Es allí cuando se descuidan y empieza a haber desunión, los hijos empiezan a andar con malas amistades, muchas veces el esposo se siente mal atendido y busca compañera afuera y al final se hace un caos en el hogar. Todo porque no hubo atención.

En Mateo 24:43 dice, *"Pero sabed esto, que si el padre de familia supiese a qué hora el ladrón habría de venir, velaría, y no dejaría minar su casa."* No siempre sabemos cuándo nuestros hijos van a verse tentados a hacer cosas indebidas. Muchas veces creemos que es hasta que lleguen a la adolescencia y no les prestamos atención en su desarrollo infantil, donde se marca el destino del niño, y el enemigo trata de destruir su identidad.

Como mujeres sabias debemos velar por nuestra familia en todo momento. Cuidemos lo que ven nuestros hijos, con quien se juntan, que escuchan, quienes son sus amistades. Oremos por nuestro hogar y peleemos esta batalla en el ámbito espiritual.

Aplicación Personal

¿Qué pude aprender de Proverbios 31:27a?

_____

_____

¿De qué manera estoy cuidando mi hogar?

_____

_____

¿De qué cosas necesito cuidar mi hogar?

_____

_____

¿Qué voy empezar a practicar hoy para brindar mayor atención y cuidado a mi familia?

_____

_____

Mi oración al Padre:

_____

_____

Día 18

Proverbios 31:27b
Y no come el pan de balde.

Sabemos ya que la mujer virtuosa es una mujer muy trabajadora y esforzada. Vimos que trabaja con sus manos, hace negocios y cuida su familia. En todo momento está haciendo algo productico y que bendice su familia. Cuando ella come lo hace con gran satisfacción. Sabiendo que se ha esforzado para que todo vaya bien. Ella no es una carga para su marido más bien aporta al hogar estabilidad, paz, amor, honor y prestigió.

Cuando nosotras como mujeres aportamos buenas cosas a nuestra familia después gozamos de los resultados. Uno como madre y esposa esforzada y sabia también recibe lo que merece y goza de ello.

Aplicación Personal

¿Qué pude aprender de Proverbios 31:27b?

_____

_____

¿Estoy yo esforzándome para después gozar de la recompensa?

_____

_____

¿Qué cosas he estado haciendo mal o dejado de hacer que no bendicen a mi familia?

_____

_____

¿Qué es algo productivo que puedo hacer hoy para mi familia?

_____

_____

Mi oración al Padre:

_____

_____

Día 19

Proverbios 31:28
Se levantan sus hijos y la llaman bienaventurada;
Y su marido también la alaba:

Qué lindo es ver que sus propios hijos reconocen el esfuerzo y valor de su madre. Hoy en día no siempre se ve que los hijos valoren a sus padres como deben, pero aquí vemos que los hijos la llaman bendita. Es bueno cuando los hijos ven los sacrificios y esfuerzos que hacen sus padres por ellos, porque es cuando pueden valorar su trabajo y todo lo que hacen.

También su esposo la alaba. Seguramente está muy agradecido con ella por todo lo que hace y no puede hacer otra cosa más que darle gracias y reconocer sus hechos.

Qué lindo es cuando los demás reconocen el esfuerzo que uno hace, pero para eso primero hay que esforzarse.

Aplicación Personal

¿Qué pude aprender de Proverbios 31:28?

_____

_____

¿En qué cosas me he esforzado y he visto la recompensa?

_____

_____

¿En qué tengo que esforzarme más para poder ver el fruto?

_____

_____

¿En qué voy a trabajar hoy para edificar mi casa?

_____

_____

Mi oración al Padre:

_____

_____

Día 20

Proverbios 31:29
Muchas mujeres hicieron el bien;
Mas tú sobrepasas a todas.

La mujer virtuosa sobresalió. No solo hizo lo bueno sino que marcó la diferencia. Practicó el extra que forma lo extraordinario. Sin duda podemos decir que esta es una mujer extraordinaria.

Algo tiene ella que las demás mujeres no tuvieron y es la voluntad a entregar todo y un poco más. Muchas veces cuesta darnos del todo por los demás o por la obra de Dios. Pensamos que necesitamos tener una vida normal (ordinaria) pero la mujer virtuosa no busca tener una vida simplemente, sino un propósito. La mujer virtuosa tiene una misión que cumplir y no descansa hasta llevarla acabo. Es inalcanzable porque sabe quién está dentro de ella que la fortalece para avanzar.

Aplicación Personal

¿Qué pude aprender de Proverbios 31:29?

_____

_____

¿Estoy viviendo simplemente por vivir la vida o estoy cumpliendo mi propósito?

_____

_____

¿Qué cosas me están impidiendo dar mi máximo potencial?

_____

_____

¿Qué es algo extra que puedo hacer hoy que marcará una diferencia en mi día?

_____

_____

Mi oración al Padre:

_____

_____

Día 21

Proverbios 31:30
Engañosa es la gracia, y vana la hermosura;
La mujer que teme a Jehová, ésa será alabada.

Es bonito poder tener gracia y hermosura física. ¿A qué mujer no le gusta eso? ¿Pero qué sucede cuando los años pasan y el cuerpo cambia y la piel envejece? ¿Qué pasa cuando las personas a quienes les agradamos, empiezan a conocer nuestro carácter y ya no quieren más estar con uno? Por eso dice que son engañosas y vanas estas cosas porque no perduran.

Pero hay una que sí perdura y es la mujer temerosa de Dios. Pueden pasar los años y su rostro envejecer y pueden llegarla a conocer, solo para enamorarse más de su persona. Es asombrosa la diferencia en esta mujer, porque lo que para otras es una desgracia para esta se ha convertido en su bendición.

El principio de la sabiduría es el temor de Jehová.

Aplicación Personal

¿Qué pude aprender de Proverbios 31:30?

_____

_____

¿De qué manera he sido como la mujer sabia que teme a Jehová?

_____

_____

¿De qué forma he halagado más la gracia y hermosura física que buscar la sabiduría?

_____

_____

¿En qué áreas de mi vida me propongo ser diferente empezando hoy mismo?

_____

_____

Mi oración al Padre:

_____

_____

Día 22

Proverbios 31:31
Dadle del fruto de sus manos,
Y alábenla en las puertas sus hechos.

La mujer será recompensada según la labor de sus manos. Ella recibe recompensa de todo su trabajo y es alabada en los lugares públicos.

Como esposa y madre uno puede hacer muchas cosas que a veces no van a ser reconocidas por los demás. Puede incluso venir la frustración de sentirse no valorada. Pero en Gálatas 6:9 dice, *No nos cansemos, pues, de hacer bien; porque a su tiempo segaremos, si no desmayamos.*

En las largas noches de trabajo y madrugadas de desvelo, esta mujer quizás se llegó a sentir no valorada por su sacrificio en el momento. Pero llegó el día que lo que hizo en secreto, se publicó por los lugares principales.

Aplicación Personal

¿Qué pude aprender de Proverbios 31:31?

_____

_____

¿En qué áreas me he esforzado y tengo fe en ver mi recompensa?

_____

_____

¿Qué cosas dejé de hacer a causa de sentirme no valorada por lo que hacía?

_____

_____

¿Qué voy a practicar hoy que había dejado de hacer?

_____

_____

Mi oración al Padre:

_____

_____

Día 23

Proverbios 14:1
La mujer sabia edifica su casa;
Mas la necia con sus manos la derriba.

La mujer sabia bendice su casa de muchas maneras. Ella construye un hogar saludable de respeto, orden, paz y amor. Su obra siempre se está llevando a cabo. Ella siempre está tratando de calmar conflictos, crear buenas relaciones, establecer orden y paz.

Sus paredes son de servicio y su techo de amor, con el cual cubre cada uno que habita en su hogar. Sus ventanas son de justicia y sus columnas de rectitud. Amuebla su casa con bondad y misericordia, y la adorna con verdad.

"Descendió lluvia, y vinieron ríos, y soplaron vientos, y golpearon contra aquella casa; y no cayó, porque estaba fundada sobre la roca." Mateo 7:25

Aplicación Personal

¿Qué pude aprender de Proverbios 14:1?

_____
_____

¿Cómo he estado edificando mi casa?

_____
_____

¿Qué prácticas o actitudes he tenido que no edifican mi casa?

_____
_____

¿Qué voy a practicar hoy que bendecirá mi hogar?

_____
_____

Mi oración al Padre:

_____
_____

Día 24

Proverbios 4:7
Sabiduría ante todo; adquiere sabiduría;
Y sobre todas tus posesiones adquiere inteligencia.

Una cualidad sumamente importante de la mujer virtuosa es que adquiere sabiduría ante todo. Para poder tener posesiones ella primero busca la inteligencia, porque al tenerla ella podrá administralas con sabiduría.

Proverbios sigue diciendo, *Engrandécela, y ella te engrandecerá; Ella te honrará, cuando tú la hayas abrazado. Adorno de gracia dará a tu cabeza; Corona de hermosura te entregará.*

Nuestro deseo debería ser adquirir la sabiduría antes de las cosas materiales. Muchas veces podemos ponerle mucha atención a cuidar la belleza física, a comprar la ropa más bonita y tener las mejores joyas, pero todo eso pasa. Mas la sabiduría no pasa, y ella misma trae con sigo una belleza que perdura y adorna el rostro.

Aplicación Personal

¿Qué pude aprender de Proverbios 4:7?

_____

_____

¿Cómo he estado adquiriendo sabiduría?

_____

_____

¿En qué áreas necesito adquirir más sabiduría?

_____

_____

¿Qué voy hacer hoy para adquirir más sabiduría e inteligencia?

_____

_____

Mi oración al Padre:

_____

_____

Día 25

Proverbios 4:23
Sobre toda cosa guardada, guarda tu corazón;
Porque de él mana la vida.

Cuando se habla de cuidar el corazón sabemos que se refiere a nuestra alma. En el alma se forman los sentimientos. De allí salen los odios, los rencores, las malas palabras, y lo que contamina al hombre, como dice Mateo 15. Así como uno puede contaminar a otros con estas cosas, ellos también pueden contaminarlo a uno.

El guardar nuestro corazón lo podemos ver cómo poner vigilantes a la puerta, pero no solo por la entrada sino también por la salida. Esta puerta tiene guardias en ambos lados asegurando que el corazón se mantenga limpio.

Debemos cuidarnos de las cosas que pueden contaminar nuestro corazón. No darles lugar y tampoco ser partícipe de su contaminación hacia los demás.

Aplicación Personal

¿Qué pude aprender de Proverbios 4:23?

_____
_____

¿De qué manera he estado guardando mi corazón?

_____
_____

¿En qué áreas no he guardado mi corazón?

_____
_____

¿Qué voy a practicar hoy para guardar mi corazón?

_____
_____

Mi oración al Padre:

_____
_____

Día 26

Proverbios 13:20
El que anda con sabios, sabio será;

¡Qué importante son nuestras relaciones! Ellas pueden tener gran influencia en nuestra vida más de lo que imaginamos. Dios quiere que tengamos buenas amistades que sean sabias y temerosas de él, para que también nosotros seamos impactados de la misma manera.

Ahora sé que no siempre podemos alejarnos de toda persona que pueda influir de forma negativa, pero sí podemos crear nuevas relaciones con las personas que nos pueden bendecir. También hay que saber que nosotros podemos influir en los demás y debemos hacerlo de forma positiva.

Nosotros somos la luz de la tierra por lo cual debemos ser la influencia de este mundo. Si tenemos amistades que no conocen de Dios, nuestro deber es alumbrar sus vidas con la verdad de Cristo y crear el impacto correcto en sus vidas.

Aplicación Personal

¿Qué pude aprender de Proverbios 13:20?

_____

_____

¿Me he estado rodeando de personas sabias que edifiquen mi vida? ¿Con qué personas sabias me puedo empezar a relacionar?

_____

_____

¿Qué relaciones no me están edificando?

_____

_____

¿Qué puedo hacer hoy para empezar a impactar positivamente a los demás y ser la luz de la tierra?

_____

_____

Mi oración al Padre:

_____

_____

Día 27

Proverbios 15:13
El corazón alegre hermosea el rostro;
Mas por el dolor del corazón el espíritu se abate.

No hay mujer más hermosa que la mujer alegre. Dios se deleitó cuando la creó. Tomo detalle y la hizo delicada y fina. Toda mujer es creada única y bella. Dios ha dotado a la mujer con gracia que se manifiesta desde el interior. Cuando tenemos un espíritu alegre nuestro rostro se embellece y los demás lo ven.

No necesita tener los vestidos más caros, capas de maquillaje o los peinados más extravagantes para lucir hermosa, porque la hermosura verdadera no viene de lo físico sino del espíritu.

Salmos 30:11 dice, *"Has cambiado mi lamento en baile; Desataste mi cilicio, y me ceñiste de alegría."*

Como hijas de Dios ya no puede morar la tristeza en nosotras. La alegría de Dios es lo que debemos reflejar.

Aplicación Personal

¿Qué pude aprender de Proverbios 15:13?

¿He estado mostrando a los demás la verdadera hermosura que viene de Dios o me he cubierto de una supuesta hermosura?

¿A qué cosas le he dado lugar para que me roben el gozo del Señor?

¿Qué voy hacer hoy para reflejar la verdadera hermosura del interior?

Mi oración al Padre:

Día 28

Proverbios 15:28
El corazón del justo piensa para responder;
Mas la boca de los impíos derrama malas cosas.

El dominio propio es parte de una mujer sabia. Ella se sabe controlar ante las situaciones y no habla simplemente por hablar, sino que medita bien en el efecto que pueden tener sus palabras. Se guarda de decir ofensas y no sale de su boca maldición.

Para poder controlar lo que decimos, primero tenemos que aprender a controlar las emociones. Muchas veces las ofensas y malas palabras salen en los momentos de ira y después nos arrepentimos. Pensar antes de hablar es sumamente importante. Meditemos en el efecto que nuestras palabras pueden tener. La mujer sabia edifica.

Aplicación Personal

¿Qué pude aprender de Proverbios 15:28?

_____

_____

¿En qué situaciones me he sabido controlar de decir cosas que no edifican?

_____

_____

¿En qué áreas tengo que trabajar para tener dominio y control de lo que hablo?

_____

_____

¿Qué puedo practicar hoy para evitar que una mala emoción controle lo que hable?

_____

_____

Mi oración al Padre:

_____

_____

Día 29

Proverbios 16:16
Mejor es adquirir sabiduría que oro preciado;
Y adquirir inteligencia vale más que la plata.

El oro es muy valioso pero más la sabiduría. ¿De qué serviría tener todo el oro del mundo sin ella? La sabiduría de Dios es la que nos guarda de cometer errores y malas decisiones. Es la que nos guía a rectitud.

Con la sabiduría de Dios podemos solucionar problemas y evitarlos. Nos ayuda a actuar correctamente y a tratar sabiamente con los demás.

¿Le hemos dado la importancia merecida a la sabiduría de Dios? Cuando leemos la Biblia, escuchamos un sermón, recibimos un consejo o una reprensión. ¿Estamos en verdad prestando nuestro oído a la sabiduría? Dios nos habla por medio de su palabra y sus ministros y Él desea que prestemos atención.

Aplicación Personal

¿Qué pude aprender de Proverbios 16:16?

_____
_____

¿De qué manera he prestado atención a la sabiduría de Dios?

_____
_____

¿En qué áreas he ignorado la sabiduría de Dios y no he querido prestar oído?

_____
_____

Hoy me comprometo a adquirir sabiduría. ¿De qué manera lo voy a llevar acabo?

_____
_____

Mi oración al Padre:

_____
_____

Día 30

Proverbios 8:11
Porque mejor es la sabiduría que las piedras preciosas;
Y todo cuanto se puede desear, no es de compararse con ella.

La sabiduría de Dios no se puede comparar a nuestros deseos. Lamentablemente, a veces se desea más otras cosas que la sabiduría.

La mujer virtuosa atesora la sabiduría y se deja guiar por ella. Dios nos dice en su palabra que el que le pide sabiduría él se la da. Necesitamos desearla para que ella sea bienvenida a nuestra vida.

Para vivir una vida diferente a la que hemos vivido necesitamos tener sabiduría. No hay mejor tesoro que ella. La sabiduría es lo que hace a una mujer virtuosa. Es lo que le brinda virtudes y habilidades que sobrepasan a los demás.

Para ser una mujer virtuosa necesitamos tener sabiduría. Necesitamos desearla más que las piedras preciosas y hacerla nuestra amiga.

Aplicación Personal

¿Qué pude aprender de Proverbios 8:11?

_____

_____

¿He verdaderamente deseado la sabiduría? ¿Qué he hecho para obtenerla?

_____

_____

¿Qué cosas he deseado más que la sabiduría que les he dado mayor importancia en mi vida?

_____

_____

¿Qué decisión voy a tomar hoy para adquirir la sabiduría?

_____

_____

Mi oración al Padre:

_____

_____

¡Felicidades!

Felicidades por completar este viaje de descubrimiento. Puede ser que su percepción de lo que es una mujer virtuosa haya cambiado y que en el camino se haya dado cuenta de cualidades que posee y que no había descubierto antes.

Usted es una dama especial dotada con cualidades y dones únicos de parte de su Creador. Él la creó con un gran propósito que solo usted puede llevar a cabo. En su propósito está que usted sea una mujer sabia e inteligente. Como Dios la creó para eso, él mismo se encarga de ayudarle día a día para llevar a cabo cada cosa que él le pide.

Proverbios 31:30b
La mujer que teme a Jehová, ésa será alabada.

Proverbios 9:10
El temor de Jehová es el principio de la sabiduría,
Y el conocimiento del Santísimo es la inteligencia.

Proverbios 8:11
Porque mejor es la sabiduría que las piedras preciosas;
Y todo cuanto se puede desear, no es de compararse con ella.

Acerca de los Autores

Milton & Blanca son autores y entrenadores de estilo de vida con la misión de equipar y empoderar a nuestra presente y futuras generaciones con las herramientas adecuadas para sobresalir en la vida cotidiana. Milton y Blanca están felizmente casados y tienen dos hijos maravillosos.

Viste **www.MiltonyBlanca.com** para aprender más sobre los autores.

Otras Publicaciones

Disponibles en Inglés y Español

www.MiltonyBlanca.com

Estamos apasionados en empoderar a hombres y mujeres a publicar el libro de sus sueños en tan solo 6 meses o menos y así acelerar su carrera, ministerio, ingresos y contribución al mundo.

Escriba y publique el libro de sus sueños en tan solo seis meses o menos. Adquiera su guía de autor gratuita y reciba una serie de videos completamente gratis donde aprenderá los secretos de escritura y publicación de hoy en día.

Visite:

www.Autoren6Meses.com

DESCUBRA LA MUJER VIRTUOSA EN SU INTERIOR

Notas

Notas

Notas

Notas

DESCUBRA LA MUJER VIRTUOSA EN SU INTERIOR

Made in the USA
Middletown, DE
31 December 2017